Familia

Corresponsabilidad

AARÓN Y NAIA

en la naturaleza

FUNDAMENTOS

DESCARGA,
JUEGA Y DIVIÉRTETE

Cuentos para alargar-la-vida

Aarón y Naia en la naturaleza

© del texto: Arita Aronaigo
© instagram: Aritaaronaigo
© ilustraciones de: Diego Alejandro Bartolomé
© diseño de cubierta y corrección: EQUIPO BABIDI-BÚ

© de esta edición:
Editorial BABIDI-BÚ, 2024
Avda. San Francisco Javier, 9, 6ª, 23
Edificio Sevilla 2
41018 - SEVILLA
Tlfn: 912.665.684
info@babidibulibros.com
www.babidibulibros.com

Impreso en España
Primera edición: agosto, 2024

ISBN: 978-84-10329-93-5
Depósito Legal: SE 1585-2024

AARÓN Y NAIA

en la naturaleza

ARITA ARONAIGO

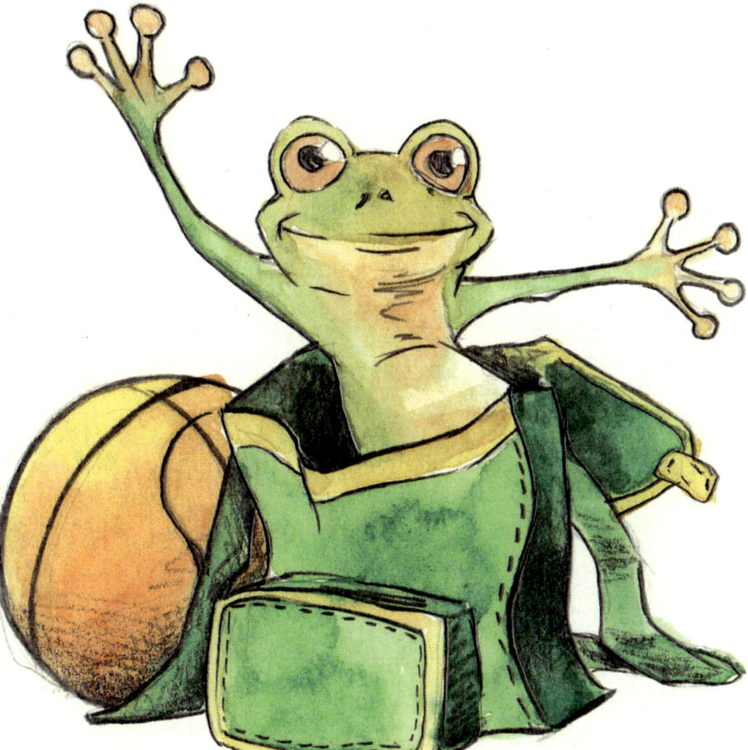

Este libro lo realicé a mano para mis hijos, creando una herramienta para afianzar los valores y principios de nuestro hogar y familia.

Han sido numerosos los estudios y prácticas que en estas breves líneas, pretendo concentrar. Espero que lo disfrutéis y os sea de ayuda como lo ha sido para toda nuestra familia.

A mis hijos, por elegirme y darme la posibilidad de reinventarme con toda su luz y amor.

A mi madre, por todo su tiempo, ejemplo y guía.

A mi marido, por darme la estabilidad para crear y creer en mí.

A mis madrinas, por impulsarme.

A mi hermana del alma, por guiarme.

A mi tía, por su apoyo y fe en todos mis emprendimientos.

A mi compañero de equipo, por creer en todo el proyecto, proporcionándole la magia de color y diseño final, con todo su saber.

Gracias a todos por darme el amor e iluminarme con vuestros dones y acompañarme en esta aventura para expandir esta parte de mí.

ÍNDICE:

¡Bienvenidos!
No hay mal tiempo, sino
ropa inadecuada.
¿Preparados? ¡Chequeamos!
Cada cosa en su lugar
Todos juntos
¡Un gran equipo!
¿Y tú qué eliges?
Cómodos y guapos
¿Qué es lo que más te gusta a ti?
¡Renacuajos!
Búhos y Zorritos

¡BIENVENIDOS!

—¡Yo soy Aarón!

—¡Y yo soy Naia!

—Aquí os vamos a contar todo lo que nos gusta hacer y todos nuestros descubrimientos.

—Hemos descubierto que estamos rodeados de naturaleza, y la naturaleza...

¡NOS ENCANTA!

—La naturaleza es uno de nuestros lugares favoritos.

EL COLOR VERDE, LA ARENA, LAS HOJAS, LOS ÁRBOLES.

LAS PIEDRAS, LOS PALOS, EL AGUA, LOS RENACUAJOS...

LAS MARIPOSAS, LAS FLORES...

—¡Shhh! Naia, no te enrolles. Vamos a enseñarles dónde y qué nos gusta hacer al aire libre.

—¡Vale! Empiezo yo con unas rimas.

No hay mal tiempo, sino ropa inadecuada.

—Llueva o haga sol, nosotros salimos un montón. En la playa, en el río, en el campo o en el parque, disfrutamos de jugar al aire libre en cualquier parte.

—Llegar con una sonrisa y presentarme
me abre las puertas de cualquier parte.
Y cuando quiero cambiar el juego, lo
propongo y me espero.
A veces se hace, otras no, pero jugar
juntos es muy molón.

—¡Guau! Pero qué **rimas** más chulas, Naia.

¡GRACIAS!

¿PREPARADOS?
¡CHEQUEAMOS!

—¡Bueno! ¿Y ahora cómo seguimos?

—Humm..., pues vamos a recordar cómo lo hacemos cuando nos dicen que vamos a salir... ¿Qué hacemos?

—Eh, ¿nos ponemos los zapatos?

—Sí, ¿pero antes?

—¡Recogemos!

A recoger y a ordenar,
cada cosa en su lugar,
¡tatachán!

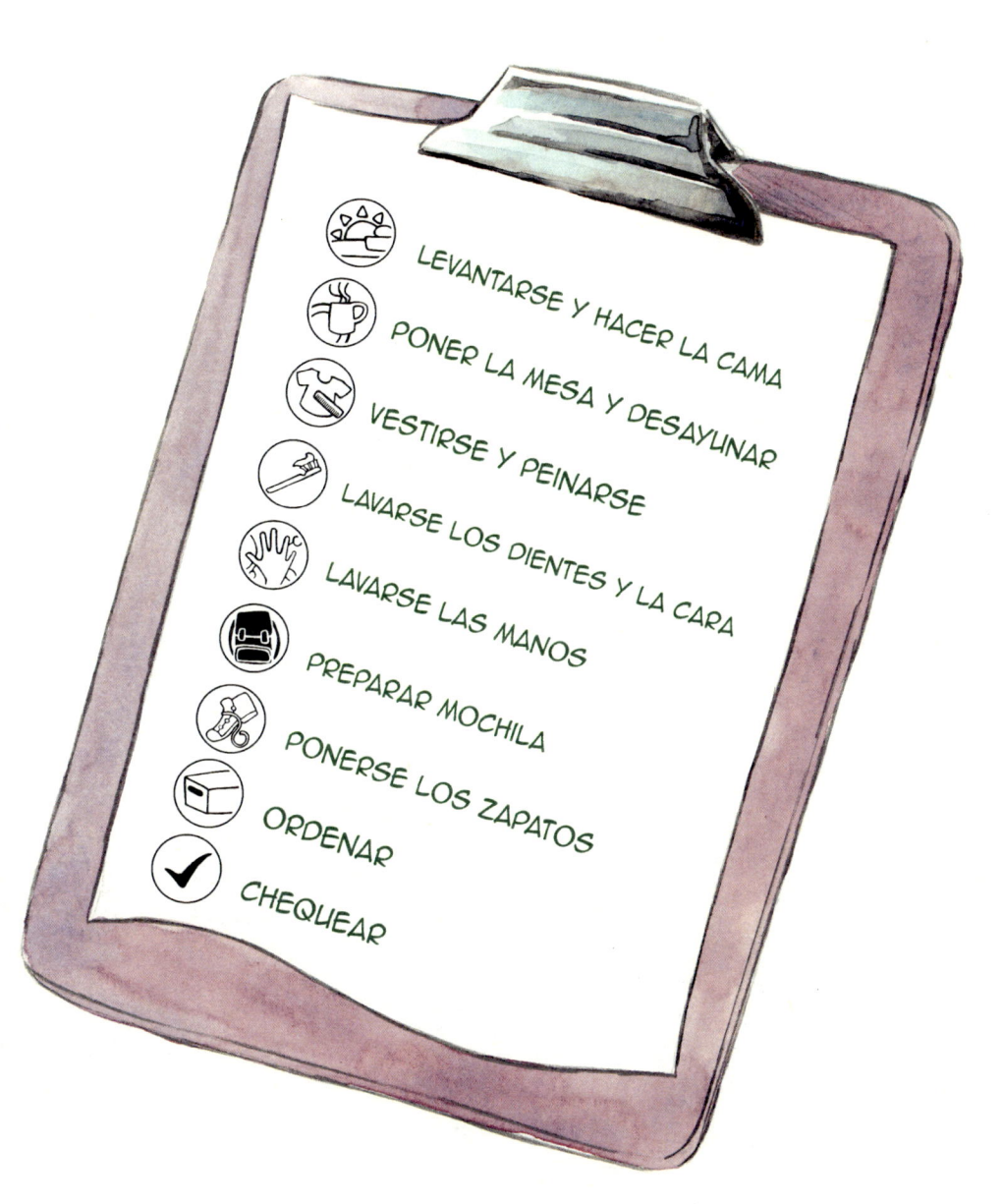

LEVANTARSE Y HACER LA CAMA

PONER LA MESA Y DESAYUNAR

VESTIRSE Y PEINARSE

LAVARSE LOS DIENTES Y LA CARA

LAVARSE LAS MANOS

PREPARAR MOCHILA

PONERSE LOS ZAPATOS

ORDENAR

CHEQUEAR

—Humm..., ¿qué estábamos contando? ¡Ah, sí! Que antes de salir, Ma-Pá nos dicen que chequeemos y...

—¡Espera, Aarón! Tienes que explicarme quién es Ma-Pá, yo nunca se lo he escuchado a nadie.

—¡Ah! Pues sí, Ma-Pá es una palabra que me inventé de bebé cuando quería llamar a mamá o papá. Así, siempre alguno de los dos venía.

—¡Ji, ji, ji...! Ma-Pá, qué listo Aarón. Ji, ji, ji....

PREPARAR MOCHILA

PONERSE LOS ZAPATOS

—¡Gracias, hermanita! Entonces, lo que decía, que Ma-Pá nos dicen que chequeemos, y así todo está limpio y ordenado. Y cuando volvemos a casa, está todo recogido, y claro, si buscamos algo... ¡lo encontramos seguro!

CADA COSA EN SU LUGAR

—Sí, la verdad que antes de salir, como tengo muchas ganas..., pues me pongo nerviosa, pero Ma-Pá nos enseñaron que concentrarnos en ordenar y recoger nos ayudará a sentirnos mejor.

—Pues sí, porque si no..., mientras esperamos a Ma-Pá nos ponemos a dar vueltas por la casa y...

¡Y LA LIAMOS PARDA!

—Sí, es que si colaboramos todos en casa, hay más tiempo para hacer más cosas chulas.

—¡Claro! Y así Ma-Pá no estarán tan cansados, y les apetecerá ir a más sitios y jugarán más con nosotros...

¡CUÉNTANOS!

¿CÓMO COLABORAS TÚ EN CASA?

—¿Qué te parece más divertido? ¿Qué es lo que te gusta menos? ¿Y qué es lo que todavía no dominas o te cuesta un poquito más? ¿Cómo podrías resolverlo?

¡Tranquilo! Nuestro truco es

REPETIR, REPETIR Y REPETIR

..., y cada vez te saldrá

un poquito mejor.

TODOS JUNTOS

—Yo disfruto mucho cuando vamos
todos juntos a la naturaleza a jugar...

—¡Sí! Rutas en bici con mamá.

—Pasear y hacer rutas con papá.

—Construir con arena una cola
de sirena o un coche con papá.

—También jugar a juegos de mesa, las cartas o a baloncesto.

—¡Aarón, Aarón! O ir a merendar a la playa con la Abueli...

—¡Qué bueno, Naia! Eso también me encanta, preparar todo y llevarnos el desayuno o la merienda a la playa.

—La Abueli me contó el otro día que eso de que la llevemos con nosotros de imprevisto a desayunar, almorzar, merendar o cenar, ¡le encanta! Aunque lo de cenar... no le gusta tanto, porque dice que tampoco cena mucho.

—Pero en verano sí que **DISFRUTA** de salir fresquita a cualquier parte por la noche.

—Sí, en verano sí. Y eso de que la sorprendamos con cualquiera de nuestros planes improvisados...

¡LA HACE MUY FELIZ!

¡¡UN GRAN EQUIPO!!

—Oye, que se nos olvida el tema. ¿Qué hacemos después?

—Eh, nos peinamos y nos lavamos los dientes.

—Sí, ¿pero antes de eso?

—Humm..., antes de ponernos los zapatos, recoger... ¿Vestirnos?

—Sí, pero antes de salir, ¿tú qué
preguntas?

—Ah, ¡eso! Pregunto que...
¿A dónde vamos?

—Y cuando sabes que vamos a
la naturaleza, ¿qué haces?

—Preparar mi mochila, y parte
de la tuya...

—¡A veces! Bueno, bueno, yo también a veces te termino de recoger el cuarto o la cama, eh.

—Pues eso, ¿qué somos?

¡¡UN GRAN EQUIPO!!

—Y entonces, ¿qué pones en tu mochila?

—Siempre, siempre...

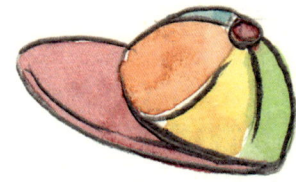

¿Y TÚ QUÉ ELIGES?

—Pero... ¿qué llevas de ropa?

—Pues depende de adónde vamos, si cerca del río, al campo, a la montaña, a la playa, al parque o al descampado frente al cole. Tenemos ropita adecuada para cada ocasión.

—Entonces, ¿vamos a
explicarnos bien, qué necesitamos
mucha ropa?

—Nooo, solo la adecuada para
cada lugar.

—A mí eso siempre me lía un poco.

—A ver... es muy sencillo, y tú sabes
hacerlo muy bien.

—En invierno y en verano la ropa es
siempre muy cómoda, no es como
esos días que mami nos dice que tenemos que ir de guapos.

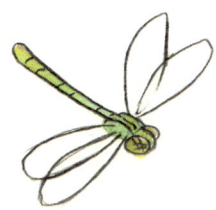

—¡Ay, sí! Esos días, Ma-Pá no me dejan llevar mis pantalones preferidos, es más importante llevar ropa un poco menos cómoda.

—Pero... ¿cuáles son tus preferidos?

—Pues los negros, los marrones o los azules sueltos.

—¡Aarón! Pero ¡todos esos tienen agujeros!

—¡Claro! Pero es que con ellos estoy supercómodo y puedo hacer cualquier cosa. Hay algunos que Ma-Pá me ponen y no me gustan tanto, no son tan cómodos...

—Pues mi ropa es toda cómoda.

CÓMODOS Y GUAPOS

—Sí, pero ¿acaso cuando vas a la naturaleza no procuras ponerte vestidos y faldas? ¿No es más cómodo ir con pantalones por si te quieres deslizar o revolcar?

—Ropa cómoda para poder revolcarse, trepar, saltar y sentarnos en cualquier sitio... y que no se claven los botones en la cintura...

—Ah, sí. Intento que sean largos, así no te clavas los arbustos, las piedras ni las astillas.

—¡Oye! Pero, exactamente, ¿qué llevas en tu mochila en *invierno*?

—Pues... chubasquero, pantalones de agua, calcetines por si nos mojamos o llueve.

—¿Y en *verano*?

—Un bañador, aunque a veces ya
salimos de casa con él puesto,
y entonces llevamos otro, unas
braguitas de repuesto, otro pantalón,
calcetines y una rebequita por si se
levanta viento o se nos hace tarde.

—¡Me superencanta cuando se nos
hace tarde en la calle en verano! ¡Me
requeteencanta!

¿QUÉ ES LO QUE MÁS TE GUSTA A TI?

—A mí, lo que más me gusta es coger palos, lanzarlos, golpear y escuchar cuando los muevo, notar cómo corto el aire y jugar a construir con ellos.

—A mí, lo que más me gusta es ir de paseíto y estar cerca del agua.

¡Me encanta cómo suena! También
ver a los animalitos bañarse y
construir presas como los castores,
con palos y piedras.

—¡Jopé! A mí me
encanta destruir.
¡Jiji!

—¡Y construir, claro! También me encanta en la arena de la playa, la tierra del campo, o con las cañas hacer tipis. Eso está chulísimo. Y yo, igual que tú, también me encanta ver a los animales y... plantar...

Pero lo de plantar, lo contamos en otro momento...

¡¡¡RENACUAJOS!!!

—¿Te acuerdas, Aarón, de los renacuajos?

¡Sí! Me encanta cuando está empezando la primavera ir a reconocer a los renacuajos

—Sí, y acuérdate de que es muy importante no tenerlos fuera del agua mucho tiempo, porque si no, se mueren. ¡Eh!

NUESTRO TRUCO PARA ATRAPARLOS

—Para que la caza sea más rápida y eficaz, te recomendamos llevar nueces. Y te preguntarás: «¿nueces?». Sí, exacto, nueces, pero de las que tienen cáscara. Verás, que después del paseo y el juego al aire libre te entran ganas de un SNACK. Con su cáscara puedes ayudarte para cazarlos. ¡A nosotros nos funciona de maravilla!

¿Tú tienes algún truco?

—¡Claro, Naia! Buscarlos, encontrarlos, cogerlos o cazarlos... porque a veces cuesta un poquito, ¿eh? Observarlos, compararlos de tamaños y ver qué tiene cada uno diferente a los otros, darles las gracias por poder disfrutarlos y dejarlos de nuevo en el agua para que sigan creciendo.

—¡Claro! Y así, otro día poder volver a verlos más grandotes. A mí me encanta hacer fotos y también cazarlos. Cuando les salen las patas, hacen cosquillitas en las manos. ¡Mmm..!

—Sí..., pero al principio te daban miedito.

BÚHOS Y ZORRITOS

—Me acabo de dar cuenta de una cosa.

—¿De qué, Aarón?

—¡Una cosa superimportante! Que antes de salir por la puerta de casa hacemos. ¡Y es superimportante compartir! ¿Qué nos dicen Ma-Pá antes de salir?

—Que nos revisemos en el espejo y, mirándonos, nos digamos: «¡Hoy va a ser un gran día!». Pero hay que emocionarse diciéndolo, ¿eh?

—¡Oh! Vale, sí, eso también. La verdad es que se me había olvidado... Pero ¿y qué más?

¡ATENTOS COMO UN BÚHO, Y ASTUTOS COMO UN ZORRO!

—¡Eso es! Que tenemos que cuidarnos, y para eso hay unas señales y normas que hay que conocer.

—Venga, vamos a compartirlas. ¿Empiezas tú o empiezo yo?

—Naia, yo ya hoy estoy cansado. Si quieres, cuéntalo tú.

—Mmm... No, mejor los dos juntos cuando descansemos. ¿Te apetece una infusión o leche calentita?

—¡Sí, venga! Tú calientas el agua y yo pongo la musiquita.

—Vale. Pero antes... cuéntame... ¿Qué ha sido lo mejor de tu día? ¿Qué has aprendido hoy y qué no te ha gustado y cómo lo transformarías? Ve pensándolo mientras preparamos.

Familia

Corresponsabilidad